INQUEBRANTABLE

INQUEBRANTABLE

REBECA GALVEZ

Número de Control de la Biblioteca del Congreso de EE. UU.:		2018908457
ISBN:	Tapa Dura	978-1-5065-2594-5
	Tapa Blanda	978-1-5065-2595-2
	Libro Electrónico	978-1-5065-2596-9

Información de la imprenta disponible en la última página.

Fecha de revisión: 26/07/2018

Para realizar pedidos de este libro, contacte con:
Palibrio
1663 Liberty Drive, Suite 200
Bloomington, IN 47403
Gratis desde EE. UU. al 877.407.5847
Gratis desde México al 01.800.288.2243
Gratis desde España al 900.866.949
Desde otro país al +1.812.671.9757
Fax: 01.812.355.1576
ventas@palibrio.com
778226

Introducción.

¡Me pregunto! ¿Quién es Dios para mí?

Para mí, es mi amigo fiel, mi padre celestial, mi creador, mi todo, mi pronto auxilio en la tribulación.

Porque de tal manera amó Dios al mundo que dio a su único hijo para que todo aquel que en Él crea no se pierda, mas tenga vida eterna.

¡Y nuevamente me pregunto! ¿Quién es Jesús para mí? San Juan: 14:6

Jesús le dijo, "Yo soy el camino la verdad y la vida, nadie viene al Padre sino por mí." San Juan 11:25.

Le dijo Jesús, "Yo soy la resurrección y la vida; el que cree en mí, aunque esté muerto, vivirá."

¡Y me pregunto! ¿Quién es el Espíritu Santo para mí? Lucas 11:13.

Pues si vosotros siendo malos, sabéis dar buenas dádivas a vuestros hijos, ¿Cuánto más vuestro padre celestial dará el Espíritu Santo a los que se lo pidan? El Espíritu Santo es lo más hermoso, que Jesús nos dejó.

Cuando Él ascendió al cielo, porque no nos dejó solos, dejó a nuestro consolador que es el Espíritu Santo, y es Él que nos redarguye y nos habla a cada momento cuando más lo necesitamos.

Y solo viendo al Padre, al Hijo, y al Espíritu Santo, podemos tener una fe inquebrantable.

Índice

Puesto Los Ojos En Jesús El Autor y Consumador de la Fe

Hebreos 12:2

Puesto mis ojos en Jesús el hijo de Dios. Agradezco primeramente a mi padre Dios al hijo y al Espíritu Santo, por haberme ayudado nuevamente a escribir este segundo libro, y también agradezco a mis hijos por su tolerancia y paciencia a mi persona.

Y por supuesto agradezco a Dios por los padres que me dio, por mi madre que amo tanto por mis abuelitos que ya no están, por mis hermanos que a pesar de la distancia los amo y por cada uno de mis familiares y amistades que en su momento han estado con nosotros, y por cada persona y hermanos de la iglesia, que han orado por nosotros y por la editorial que publicó este segundo libro. Dios bendiga a cada persona que trabaja ahí y por supuesto, gracias padre Dios por esos dos bellos hijos que me distes, los amo tanto con todo mi corazón. Dios los bendiga hijos.

Y recuerden siempre, nunca se olviden de Dios, y que Él siempre sea el número 1 en sus vidas... y quiero invitar a todos que siempre confiemos en Dios, y que nunca nos demos por vencidos, aunque parezca que es el final. No es así porque no termina ahí, porque más adelante está la promesa de nuestro Dios para todos aquellos que en Él confiamos.

Con aprecio de tu amiga

Rebeca Galvez

Dios los bendiga...

Alfa y Omega

Yo puedo tener la casa que yo quiera, los hijos que yo quiera, el hombre que yo quiero los carros que yo quiera y lo mismo para ti amigo (a) tu puedes tener la casa que tú quieras, los hijos que tú quieras, el nombre o la mujer que tú quieras, todos los carros que tú quieras, pero en fin hagamos un stop juntos y digamos y preguntémonos eso es lo que yo quiero para mí eso es lo que tú quieres para ti. ¿Pero esa debería de ser nuestra gran pregunta? Será que eso es lo que Dios quiere y tiene para ti y para mí, sabes querido amigo (a) he llegado a la conclusión que cuando dejamos que Dios decida por nosotros y que Él haga su voluntad en nuestras vidas nos damos cuenta que lo que queremos lo que pedimos y lo que deseamos es muy chiquito para lo que Dios tiene y quiere darnos a cada uno de nosotros. Él quiere darnos lo mejor porque somos sus hijos y no tenemos ni la menor idea que lo que le pedimos es tan chiquito comparado para las cosas grandes que Él quiere darnos porque Él es grande y poderoso en gran manera, es un ser supremo, Rey de reyes y Señor de señores, el principio y el fin, el dueño del mundo el dueño del oro y la plata, el Rey del universo, el creador del mundo, mi todo, nuestro padre celestial el que te formó a ti y a mí en el vientre de nuestras madres, en fin Él es todo para nosotros Él es el alfa y omega y Él es nuestro Dios nadie como Él porque Él es el gran Yo Soy, el todopoderoso, Él es nuestro Dios y es inquebrantable.

Fe

Hebreos 12:2

Puesto los ojos en Jesús, el autor y consumador de la fe.

La fe es lo único que nos sostiene hasta el final como buenos seguidores de Cristo. Pero sin fe, es imposible agradar a Dios, porque es necesario que el que se acerca a Dios crea que le hay y que es galardonador de los que le buscan

Hebreos 11:6

Querido amigo (a) yo no sé, que es lo que tanto deseas en tu corazón, pero ay alguien que sí sabe, todo de ti y sabe todo lo que deseas, pero si la biblia dice que el que se acerca a Dios crea que le hay, entonces, ¡si tú crees! ¡Con todo tu corazón que te has acercado a Dios...entonces cree! Que si lo hay y que eres galardonador de los que le buscan cuantas veces en nuestro diario vivir, pasamos por diferentes pruebas y pensamos que todo está perdido y muchos de nosotros flaqueamos a mitad del camino, porque seguramente, decimos y pensamos que todo está perdido y no queremos seguir avanzando para adelante y pensamos que hasta ahí podemos llegar. Cuando Dios nos dice en su palabra que confiemos plenamente en él y que tengamos fe de que Él está con nosotros como lo dijo en su palabra he aquí yo estaré con vosotros todos los días hasta el fin del mundo, pero parece ser que a muchos de nosotros cuando vienen las dificultades de la vida acompañadas por diferentes tipos de pruebas nos olvidamos de toda, esas dulces promesas que nuestro mismo Dios nos dejó en su palabra, he aquí yo estoy con vosotros todos los días hasta el fin del mundo.

Querido (a) no sé si en estos momentos estas pasando por alguna dificultad, pero yo te quiero invitar en el nombre de Jesús, que confíes plenamente en Él y que Él no te dejará y no te desamparará porque Él es Dios, y nadie podrá detener lo que Dios ha designado para tu vida y la mía, Él quiere lo mejor para sus hijos y si confiamos en su misericordia, Él nunca nos fallará y mucho menos, nos dejará porque somos lo más preciado para Él. Amigo (a) Dios quiere que nos acerquemos a Él como niños y que le reconozcamos como padre, sabiendo que el que comenzó la obra en nosotros la terminara y su palabra no miente, porque es verdadera, Dios sabe lo que tú y yo necesitamos, solo tenemos que confiar y creer en Él, y saber esperar y a su tiempo nos dará aquello, que tanto le hemos pedido. Él jamás dejara a sus hijos avergonzados y mucho menos los que plenamente confiamos en Él, porque todo depende de nuestra fe, si nuestra fe es chiquita así es nuestro Dios y si nuestra fe es grande así es nuestro Dios porque Dios no miente.

Dios sabe lo que tú y yo necesitamos antes de que se lo pidamos, solo que Él quiere que aprendamos a confiar y a esperar en Él, solamente en Él porque si Él cuida de las aves cuidara también de ti y de mí. Dios es fiel y nos invita a ser parte de su rebaño, y si nos dejamos guiar, como Él quiere entonces así podremos llegar a tener esa fe que solo Él puede darnos a su debido tiempo, porque solo Él hace al hombre feliz, y desea que seamos fieles seguidores del reino de Dios, y solo así podremos tener esa fe que Dios quiere que tengamos cada uno de nosotros porque esa fe solo lo puede dar Dios porque solo Dios es inquebrantable. - Yo sé que muchas veces has pensado en rendirte y que no encuentras la salida. Yo te invito, mi amigo (a) que no retrocedas para atrás de donde Dios ya te sacó, se fuerte y lucha por tu salvación, porque nadie más podrá darte la salvación porque la salvación solo la da Dios y nadie más. Dios quiere que un día estemos todos juntos con Él en el cielo y que nadie se pierda, sino que todos vayamos al arrepentimiento y así un día poder estar todos juntos en las bodas del cordero juntamente con Él, porque esa es nuestra meta llegar al cielo y poder estar todos juntos con nuestro padre Dios y poder cantar el himno de victoria porque solo en Dios hay victoria, porque Él es el pan de vida y es por medio de nuestro Señor Jesucristo, que podemos llegar a ser salvos porque así lo dice en su palabra, en San Juan 3:16, "Porque de tal manera amó Dios al mundo que dio a su único hijo para que todo aquel que en Él crea no se pierda más tenga vida eterna." ¡Que cosas tan lindas nos dice Dios en su palabra verdad! Él desea y quiere y nos invita, a que confiemos y creamos plenamente en su hijo, amado Jesucristo y así poder recibir el perdón que solamente nuestro padre Dios, nos otorgó por medio de la sangre. Bendito de nuestro Señor Jesucristo, y Él no quiere que seamos unos cristianos mediocres, miserables, y mucho menos, faltos de fe. Él quiere que vivamos una vida plena y feliz y una vida victoriosa y que juntos caminemos de la mano de nuestro redentor para siempre, y Él quiere que seamos realmente felices, y que aprendamos a depender de Él y única y exclusivamente de Él, y de nadie más. Hay una promesa en la biblia que nuestro Dios tiene para sus hijos, "Pedid, y se os dará; buscad y hallaréis, llamad, y se os abrirá., porque todo aquel que pide, recibe; y el que busca, halla; y al que llama, se le abrirá." Mateo 7:7,8

Que linda promesa lo que nos da nuestro Dios a los que le aman, y le creen y lo buscan, con todo su corazón, Dios quiere darnos todo lo que estemos dispuesto a creerle, Él lo hará y Él no miente porque Él es Dios y Él no es hombre para que mienta, ni hijo de hombre para que se arrepienta, Él tiene el cielo lleno de cosas hermosas para ti y para mí y para todos, cosas que ni siquiera nos imaginamos. Él tiene para los que le aman, es por eso que tenemos que confiar, plenamente en su palabra, y en sus promesas confiando y no dudando en sus promesas, que Él a su tiempo lo hará y nos dará todo aquello que tanto le hemos pedido y es por eso que tenemos que aferrarnos a su inmensurable amor y confiar en sus promesas, como dice en su palabra, no te he dicho, que, si creyeres, verás la gloria de Dios. Pídeme y si no tienes es porque no pides y si pides, pides mal, pídeme para que nuestro Señor Jesucristo

sea glorificado en el padre, pídeme y por herencia te
daré las naciones de la tierra.

La fe es la certeza de lo que se espera la convicción
de lo que no se ve, porque sin fe es imposible agradar
a Dios. Fe es creer.

Cuando Dios Calla

(Deuteronomio. 29:29).

Las cosas secretas pertenecen a Jehová nuestro Dios; mas las reveladas son para nosotros y para nuestros hijos para siempre, para que cumplamos todas las palabras de esta ley. ¿Querido amigo (a) cuántas veces en nuestras vidas nos hemos sentidos solos y desesperados, y pensamos y decimos donde esta Dios? Y no sé tú, pero yo muchas veces me he sentido así como si Dios no me escuchara y hasta he llegado a pensar que no escucha mis oraciones y seguramente a ti te ha pasado lo mismo y sientes que Dios no te oye y que te ha olvidado, pero déjame decirte querido amigo (a) que no es así, Él siempre esta ahí y nunca se va de nuestro lado, nunca nos ha dejado solos y jamás nos dejara solos, porque Él siempre está a nuestro lado, solo que hay un momento que Dios queda en silencio y calla porque seguramente algo está haciendo a nuestro favor y no le gusta que lo interrumpan y muchas veces nosotros hacemos interrumpir los planes de Dios, porque siempre queremos adelantarnos hacer la voluntad de nosotros porque no sabemos esperar en Dios y hacemos trabajar doblemente a Dios, porque lastimosamente siempre queremos hacer nuestra voluntad y no la de Dios, porque Él tiene planes de bien para nuestras vidas, y nadie de nosotros podemos entender el plan de Dios para nuestras vidas. Recuerda que hay un tiempo para todo y también hay un tiempo donde Dios calla, porque ese es precisamente el momento indicado para trabajar en nuestras vidas, aunque no entiendan su silencio, recuerda que hay una frase que dice. - Cuando el maestro está en silencio, es porque está en examen y así es lo mismo cuando Dios calla es porque está trabajando. Él nunca se va de nuestro lado somos nosotros los que nos vamos de su lado, y cuando eso pasa, Él se pone triste, pero Él no obliga a nadie a quedarse con Él. Él quiere que seamos felices, pero muchas veces cuando Él quiere darnos algo, Él primeramente nos prepara para recibir las cosas que Él tiene para cada uno de nosotros, pero cuando llegan las pruebas que Él permite que lleguen a nuestras vidas para ver qué tanto estamos dispuestos aguantar para recibir aquello que Él tiene para cada uno de nosotros y es cuando en ese proceso, muchos de nosotros no aguantamos y nos apartamos de sus caminos porque pensamos que Dios se ha ido y que nos ha dejado solos y pensamos que Él no está a nuestro lado, y es ahí precisamente cuando Él está mas de nuestro lado, pero no nos damos cuenta y no entendemos su silencio porque no hemos aprendido a confiar en Él en verdad, y por eso no nos damos cuenta que Él siempre esta ahí con nosotros y nunca nos deja solos porque somos lo más preciado para Él. Su palabra dice, que si alguien conspirare contra ti sin mi será. Querido amigo (a) no te desesperes, confía en Dios y espera en Él, su palabra dice, en Salmos 37:7, "Guarda silencio ante Jehová y espera en Él." Él nunca te dejará y nunca nos dejará, entonces porque no confiar en ese Dios tan poderoso, que tiene tantas promesas para cada uno de nosotros y esta es una de las muchas promesas que hay en la biblia. Clama a mí y yo te responderé y te enseñaré cosas grandes y ocultas que tú no conoces. Querido amigo (a), yo te invito a que juntos, confiemos en Dios y no solo eso también que aprendamos a esperar en Él, porque cada lágrima y pruebas que pasamos en nuestras vidas nos espera una gran bendición porque cuando Dios calla es porque está haciendo grandes cosas para ti y para mí porque el que espera en Jehová jamás será avergonzado y su palabra dice, "no te he dicho que si creyeres verás la gloria de Dios", y al que cree, todo le es posible, y si Dios nos dice en su palabra que le creamos a Él, le tenemos que creer, pero muchas veces solo decimos, que creemos en Dios pero solo lo decimos de labios para afuera porque si le creyéramos de verdad, entonces, ahí veríamos su gloria, porque así dice su palabra, no te he dicho que si creyeres verás la gloria de Dios y al creer en Él no solamente miramos su gloria si no que nuestras vidas jamás será la misma porque su gloria está en nosotros y por lo tanto somos diferentes, porque cuando la gloria de Dios toca nuestras vidas nos eleva hacia Él y por lo tanto ya no somos las mismas personas porque algo ha transformado nuestras vidas, y ese algo es la gloria de Dios y somos nuevas criaturas en Cristo Jesús y así podremos decir ya no vivo yo, más Cristo vive en mí y las cosas viejas pasaron y aquí todas son hechas nuevas, porque el que comenzó la buena obra en mí la terminará hasta llegar a ser perfecta. Dios es Dios y también es amor, porque de tal manera amó Dios al mundo que ha dado a su hijo unigénito para que todo aquel que en Él crea no se pierda, más tenga vida eterna. San Juan 3:16). Si Dios dio a su único hijo para que muriera por cada uno de nosotros en una cruz, también lo resucitó al tercer día para que por medio de Él alcancemos la salvación, y tengamos vida eterna y Él quiere que nadie se pierda y que todos vayamos al arrepentimiento y obtengamos la vida eterna y no permitamos a nuestros miedos, y nuestros obstáculos y a nuestros problemas que nos destruyan. Cuando Dios ya determinó algo grande para ti y para mí porque recordemos que cuando más nublado esta es cuando el sol sale más fuerte, tenemos que aprender a esperar en Dios porque cuando Él calla es porque seguramente está trabajando a nuestro favor, solo confiemos que Él a su tiempo no al de nosotros, nos dará el deseo de nuestro corazón. Deléitate a sí mismo en Jehová y Él te concederá los deseos de tu corazón. - Dios te dice hoy, "guarda silencio ante Jehová y espera en Él" porque cuando Dios calla es porque está trabajando.

Nada Podrá Derrumbarte

2 Corintios 4:7, 8, 9.).

V iviendo por la fe. Pero tenemos este tesoro en vasos de barro, para que la excelencia del poder sea de Dios, y no de nosotros, que estamos atribulados en todo, mas no angustiados; en apuros, mas no desesperados; perseguidos, mas no desamparados; derribados, pero no destruidos. Querido amigo (a), no permitas que tu vida se derrumbe, cuando la palabra de Dios, te lo acaba de enseñar en el capítulo que leímos ahorita. Si Dios nos dice en su palabra que confiemos plenamente en Él, confiemos en Él, y así lo dice en su palabra no lo digo yo, y a mí en lo principal, me gusta esta parte donde dice, "perseguidos mas no desamparados, derribados, pero no destruidos", (2 Corintios 4:9). Nada ni nadie nos podrá destruir y mucho menos, derrumbar, si Dios está de nuestro lado, nadie puede tocar a un hijo de Dios sin el permiso de Dios, porque somos la niña de sus ojos y somos su especial tesoro, como lo dije en otras líneas plasmadas en mis escritos. Recuerda el que se mete con un hijo de Dios, se mete con nuestro Dios. La biblia dice, en el mundo tendréis aflicción, pero confiad que yo he vencido al mundo. Jamás pienses que Dios te abandonó y que te ha dejado. Déjame decirte que no, porque Él nunca nos deja solos, somos nosotros los que dejamos a Dios, y Él siempre quiere que estemos tomados de su mano y quiere que seamos muy felices y que en todo lo que hagamos nos vaya bien, pero somos nosotros mismos que por nuestras acciones dejamos a Dios y nos olvidamos de su amor y hacemos cosas que a veces nos trae vergüenza, problemas, amargura, y pensamos que Dios nos ha dejado pero no nos damos cuenta que Dios siempre está ahí y que nunca se ha ido de nuestro lado porque nos ama tanto, que todos los días nos regala un nuevo día con un sol brillante, algunas veces lluvioso y algunas no y es ahí donde precisamente nos enseña su gran amor a cada uno de nosotros, porque Dios es amor y si Dios no fuera amor, entonces, no sería Dios, porque Dios es amor y su misericordia es para siempre. Él no quiere que suframos, al contrario, su palabra dice en tercera de San Juan: 1, 2, "Amado, yo deseo que seas prosperado en todas las cosas y que tengas salud, así como prospera tu alma."

No le echemos la culpa a Dios cuando nos vaya mal en la vida. Dios es bueno y es amor como lo dije anteriormente, muchas veces nosotros mismos somos los culpables de lo que nos pasa y nos sucede en nuestras vidas por nuestras malas decisiones que tomamos en nuestras vidas porque somos nosotros mismos los que acarreamos todos esos problemas que muchas veces nos pasan por no saber dirigir nuestras vidas como debería de ser, pues Dios nos dio un libre albedrío y es precisamente por eso que Dios nos deja elegir entre lo bueno y lo malo, y muchas veces hasta nos apartamos de Dios cuando nos va mal en la vida, le echamos la culpa a Dios, y no nos damos cuenta que Él no tiene la culpa, de nada, porque como lo dije anteriormente, Dios es bueno y es amor, por lo tanto las cosas malas, no vienen de Dios y todo lo bueno viene de Dios. Porque Dios es bueno y todo lo malo viene del enemigo, porque él es malo y no hay nada bueno en él. La palabra de Dios dice, que el ladrón no viene, sino para hurtar, y matar, y destruir las ovejas; pero Dios vino para que tengan vida y vida en abundancia. Querido amigo (a), quiero hacer un énfasis aquí, y quiero decirte que cuando conocemos el corazón de Dios nos damos cuenta que Él es todo para nuestras vidas y trabajar para Él y deleitarnos en Él es lo más hermoso que el ser humano puede experimentar en su vida ya que dándole el primer lugar a Dios en todo nos hace ser privilegiados porque así alcanzamos primeramente ser llamados hijos de Dios y no solo eso en segundo nos hace herederos y coherederos de Jesucristo, su hijo amado y por lo tanto, también nos hace privilegiados de sus muchas promesas que hay en su palabra y una de ellas es buscad primeramente el reino de Dios y su justicia y todas las cosas vendrán por añadidura y aquí te pongo otra promesa. Deléitate así mismo en Jehová y Él te concederá los deseos de tu corazón... y la verdad no seriamos nada sin Él, y no necesitamos a nadie más para ser felices porque solo Dios llena el vacío que muchas veces tenemos en nuestras vidas, porque Él es nuestro padre amado, nuestro amigo fiel y que no hay nadie como Él, porque lo empiezas a conocer cada día, noche tras noche, segundo a segundo en fin te das cuenta de que Él siempre está ahí cuando más lo necesitamos, de modo que nunca acabaríamos hablar de Él, porque cada día que pasa nos damos cuenta que con Dios lo tenemos todo y aun en la escasez, Él esta con cada uno de nosotros y en la adversidad, Él nos ha sostenido y nunca pero nunca nos deja solos, porque Él es nuestro ayudador, Él es misericordioso, Él es tú padre y es mi padre, Él es nuestro padre amado y nunca deja a sus hijos abandonados porque nos ama tanto y si tú le conoces día a día, te das cuenta de lo poderoso y grande que es su amor, y no solo eso, Él tiene el almacén del cielo para darnos a ti y a mí pero tenemos que reconocerlo como padre para poder recibir y no solo eso, también, tenemos que creer en Él, y confiar grandemente en Él y en sus promesas porque así lo dice en su palabra, no te dejare ni te desamparare, siempre te sostendré con la diestra de mi justicia no permitas que tu falta de fe te lleven a dudar del amor de Dios cuando Él te dice al oído, "confía en mí que yo estoy contigo y nada podrá derrumbarte."

Confía En Dios

Salmos 40:1, 2, 3, 4, 5).

Pacientemente esperé a Jehová y se inclinó a mí y/o yo mi clamor y me hizo sacar del pozo de la desesperación, del lodo cenagoso puso mis pies sobre peña y enderezó mis pasos. Puso luego en mi boca cántico nuevo, alabanza a nuestro Dios verán esto muchos y temerán y confiarán en Jehová. Bienaventurado el hombre que puso en Jehová su confianza y no mira a los soberbios, ni a los que se desvían tras la mentira, has aumentado oh Jehová Dios mío tus maravillas y tus pensamientos para con nosotros, no es posible contarlos ante ti si yo anunciaré y hablaré de ellos, no pueden ser enumerados.

Querido amigo (a), quiero decirte en este momento, no sé en qué punto de tu vida te encuentres en este instante, pero Dios sí, lo sabe y te dice, "Espera en Mí no te desesperes, que lo que Yo prometí lo cumpliré solo se paciente y confía en Mí, porque el que confía y espera en Mí jamás será avergonzado y tendrá aquello que tanto ha pedido aférrate a mis promesas que a su debido tiempo las cumpliré." ¡Que hermosas promesas te dice Dios en estos momentos verdad! Y más hermoso aún es confiar en Él y hoy te invito a que juntos confiamos en Dios y no solo eso, sino que aprendamos a esperar en Él porque lo que Dios prometió, Él lo hará. Sí, David en el Salmo 40 escribió así, "Pacientemente esperé a Jehová es porque supo esperar en Jehová y si David supo esperar en Jehová también, tú y yo podemos esperar en Jehová y no solo eso, también dice la biblia en el Salmo 40:2 que Jehová sacó a David del pozo de desesperación y del lodo cenagoso y enderezó sus pasos. Y si ese mismo Dios hizo eso con David también, puede hacerlo contigo y conmigo, solo tenemos que aprender a esperar en Dios y en nadie más. Recuerda que lo bueno siempre tarda en llegar, solo que muchos de nosotros no sabemos esperar en Dios, y pensamos que Dios no nos escucha, y que no quiere contestar nuestras oraciones. Déjame decirte que no es así, Él siempre está atento a las oraciones de sus hijos, pero muchas veces hacemos una oración y queremos que en ese instante nos conteste cuando lo único que Él hace es siempre atender a nuestras súplicas porque Él siempre está contestando nuestras oraciones aun con su silencio y a lo mejor esa oración que le hicimos aun no es el momento de ser contestada y es ahí donde pensamos que Dios no escuchó nuestra oración cuando Él solo está tomando el tiempo para contestar aquello que tanto le hemos pedido, porque quizás, aún no estamos preparados para recibir lo que tanto hemos pedido, porque nada llega fácil en nuestras vidas todo cuesta y tiene un precio, porque todo lo bueno cuesta y todo es un proceso que todos tenemos que pasar para poder recibir. Seguramente en estos momentos estás entrando a un problema, o estás en medio del problema, o estas saliendo de tus problemas, ¡no lo sé! Pero Dios que te conoce, sí lo sabe, solo quiero decirte que no te preocupes porque los problemas son necesarios en nuestras vidas. Porque por medio de los problemas es cuando Dios se manifiesta y ¿dime quien no ha tenido problemas en este mundo? ¡Creo que todos verdad! Solo que algunos tenemos más que otros, pero siéntete feliz, cuando vengan problemas a tu vida porque es ahí cuando aprendemos a ser más tolerantes, más pacientes y no solo eso, los problemas y dificultades y pruebas en nuestras vidas nos hacen ser más fuertes porque es ahí donde aprendemos a confiar plenamente en Dios. La biblia dice, "En el mundo tendréis aflicción, pero confiad que yo he vencido al mundo." ¿Qué es lo que Dios nos dice aquí? Él no te está diciendo que no vamos a tener aflicción o problema, Él nos dice que sí los vamos a tener, pero más adelante también nos dice, y es una promesa que Él nos dio, "Confiad que Yo he vencido al mundo", ¡Qué gran promesa de nuestro Dios verdad! Que nos invita a confiar en Él plenamente y confiar en Dios, debe de ser nuestra mayor muestra de fe. Porque así lo dice en su palabra, sin fe es imposible agradar a Dios, porque la fe mueve la mano de Dios. Pero eso no quiere decir que no vamos a pasar por dificultades y que no vamos a tener problemas, o pruebas en este mundo. Déjame decirte que no es así, la biblia no dice eso, lo que Dios nos dice en su palabra como lo leímos anteriormente, nos dice que, en el mundo vamos a tener aflicción y eso quiere decir que también vamos a tener pruebas o problemas, pero Él nos invita a confiar en Él y en sus promesas. También, nos dice en su palabra que Él ya venció al mundo, y si Él ya venció al mundo, entonces tu problema y mi problema en las manos de Dios ya tiene solución, porque ya está vencido en el poderoso hombre de Jesús, en Santiago 2, 3 dice, "Hermanos míos tened por sumo gozo cuando os halléis en diversas pruebas." Sabiendo que la prueba de vuestra fe produce paciencia.

Amigo (a), quiero hacer otro énfasis aquí. Quiero compartirte algo de mi vida, ahora entiendo porque yo tenía tantos problemas en mi vida, porque siempre en mis oraciones a Dios, le pedía paciencia, y Él escuchaba mis oraciones y permitía las pruebas en mi vida para que así por medio de las pruebas, me diera la paciencia, y eso me hizo entender que Dios escucha todas nuestras oraciones y entendí muy bien, que con la prueba también, viene la salida y eso lo tenemos que saber y entender todos y tener bien claro que Dios está al control de todo. Dios nunca nos va a dar una carga que no podamos soportar. Él siempre nos dará lo que podemos soportar, sabiendo que con la prueba, siempre viene la salida y su nombre es glorificado por siempre, y lo único que nuestro Dios nos pide a nosotros, es que aprendamos a depender y a confiar en Él en todo momento reconociendo primeramente a Él como nuestro único salvador de nuestras vidas, y así ser llamados hijos de Dios y así poder decir ya no vivo yo más, Cristo vive en mí y cuando Cristo vive en nosotros, su palabra dice, "Las cosas viejas pasaron, he aquí todas son hechas nuevas y ya no vivo yo, mas Cristo vive en mí." Y es así cuando empezamos a caminar con Dios tomados de su mano y es ahí donde empezamos a conocerlo y a confiar poco a poco en Él hasta que llegamos a confiar plenamente en Él, y es ahí cuando empezamos a entender que su amor es más grande que nuestros problemas, y es ahí cuando precisamente nos damos cuenta que Él siempre está con nosotros y que nunca nos ha dejado solos y que siempre ha tenido el control de nuestras vidas. Su palabra dice, "Clama a Mí y Yo te responderé y te enseñaré cosas grandes y ocultas que tú no conoces", y si Dios permite cosas en nuestras vidas es porque así lo quiso Él. Nunca desconfiemos de su amor porque Él siempre cuida de sus hijos. Yo te invito que juntos creamos en Dios, porque Dios siempre está con nosotros y no tenemos que tener miedo, aunque parezca que todo a tu alrededor está mal y que tu barca se está hundiendo. No tenemos que temer porque mayor es Él que está en nosotros que él que está en el mundo y si Dios está con nosotros no hay nada a que temer porque si Dios con nosotros quién contra nosotros.

No Me Sueltes

Salmos 121:1-8).

Alzaré mis ojos a los montes ¿de dónde vendrá mi socorro?

Mi socorro viene de Jehová que hizo los cielos y la tierra no dará tu pie al resbaladero ni se dormirá el que te guarda he aquí no se adormecerá ni dormirá el que guarda a Israel. Jehová es tu guardador; Jehová es tu sombra a tu mano derecha.

El sol no te fatigara de día, ni la luna de noche.

Jehová te guardará de todo mal.

Él guardará tu alma.

Jehová guardará tu salida y tu entrada.

Desde ahora y para siempre.

¡Hermoso texto de la biblia verdad! Cuántos de nosotros muchas veces hemos tenido miedo y pensamos que estamos perdidos sin salida, o por ejemplo atrapados en un elevador sin salida y sin poder hacer nada, y hasta incluso pensamos que ahí vamos a morir, porque nos entra un miedo terrible y pensamos que nos hemos quedado solos y que nadie nos escucha y no sabemos qué hacer.

Porque déjame decirte que no hay peor enemigo que nuestro mismo miedo y muchas veces llegamos a un punto de desesperación, tanto así, que no podemos controlarnos y muchas veces clamamos a Dios, buscando la solución y la respuesta a nuestros miedos y problemas, pero pareciera que ni Él nos escuchara. Pero déjame decirte que no es así, Él nunca nos abandona y mucho menos deja de escuchar nuestras oraciones, Él siempre está atento a las oraciones de sus hijos solo que hay un momento donde pareciera que Dios hace un stop en nuestras vidas y es ahí cuando Él está trabajando con cada uno de nosotros y no lo entendemos y no nos damos cuenta porque estamos pasando por muchas dificultades y problemas que no podemos mirar ni escuchar la voz de Dios, diciéndonos ten paz hijo (a) mía que Yo estoy al control de todo, solo confía y ten fe de que todo estará bien. Y eso es lo que nos falta en esos momentos, la fe y la confianza en Dios. Solo que Él está permitiendo que pasemos por un proceso para ver qué tan fieles somos en esos momentos y no nos damos cuenta que es precisamente ahí cuando Él está más cerca de nosotros y aunque pareciera que no es así, Él siempre está ahí a nuestro lado y nunca nos suelta de su mano. Cuántos de nosotros le hemos dicho a Dios desesperados, por favor Dios ayúdame y no me sueltes, creo que todos, ¡verdad! Porque todos necesitamos la ayuda de Dios siempre en nuestras vidas, pero siempre pensamos lo contrario y pensamos que Él está enojado con nosotros y en cualquier momento nos va a soltar y que nos va a dejar solos y no nos damos cuenta que somos nosotros los que nos soltamos de la mano de Dios y es precisamente ahí cuando empezamos a sentirnos solos y a tener miedo porque nos hemos soltado de la mano de Dios. Él nunca nos suelta de su mano, Él siempre camina de nuestro lado y aun en medio de la adversidad. Él nunca nos deja solos, aunque no lo veamos a Él. Él siempre está ahí porque nos ama tanto, en el Salmos (121) que leímos anteriormente, hay una promesa tan hermosa que dice así, "Jehová es tu guardador, Jehová es tu sombra a tu mano derecha, el sol no te fatigara de día ni la luna de noche, Jehová te guardara de todo mal, Él guardara tu alma, Jehová guardara tu salida y tu entrada, desde ahora y para siempre.

Yo me gozo con estos salmos y con esta promesa, y hoy te invito a que también hagas tuya esta promesa y que nunca dudes del amor de Dios y que sepas que Él siempre está a nuestro lado y nunca nos abandona. Él siempre cuida de ti y de mí, porque su palabra dice, con amor eterno te he amado y si su amor es eterno, cómo podrá dejar de amarnos, porque su amor es eterno y no tiene límites porque es un ser supremo que nos ama tanto, que sin amarlo yo primero, Él me amó a mí primero y tanto me amó que dio a su único hijo Unigénito para que yo fuera salva y tenga vida eterna. Y no solo murió por mí, también murió por ti y por todos nosotros, porque por medio de su muerte en el calvario, alcanzaremos la salvación y

la vida eterna, así lo dice en su palabra en San Juan
(3:16). – "Porque de tal manera amó Dios al mundo
que dio a su único hijo para que todo aquel que en
Él crea no se pierda, mas tenga vida eterna." ¡Y que
hermoso lo que hizo Él por nosotros verdad! Sin
merecernos nada, porque en verdad no merecemos
nada y, aun así, Él dio a su único hijo por cada uno
de nosotros para que por medio de Él alcanzáramos
la salvación, y tuviéramos vida eterna porque su
sangre derramó por cada uno de nosotros en la cruz
del calvario y es por eso que estamos comprados
con la sangre preciosa y sagrada de Cristo Jesús. Y
es por eso que Él nos ama tanto y lo único que Él
desea que todos oigamos su palabra y que aceptemos
a su hijo Cristo Jesús como nuestro único salvador
personal, porque Él quiere que nadie se pierda. Si no
que todos vayamos al arrepentimiento y es por eso
que nos dice en su palabra, "Si alguno oyere mi voz
no endurezcáis su corazón." En apocalipsis (3:20),
dice así, "He aquí, yo estoy a la puerta y llamo, si
alguno oye mi voz y abre la puerta, entraré con él,
cenaré con él y él conmigo." Dios desea que día a día
muéranos al yo para que Él viva en nosotros y ya no

hagamos nuestra voluntad si no la de Él. Y Él desea que entreguemos nuestra vida a Él porque solo así vamos a ser dirigidos por Él y aunque muchas veces en nuestro caminar con Él, vamos a tener dolor y vamos a pasar por diferentes tipos de pruebas. Pero, eso no quiere decir que Él no va a estar ahí, porque Él siempre está ahí y también vamos a tener paz porque Él mismo nos alienta con su palabra al decirnos, "En el mundo tendréis aflicción, pero confiad, que Yo he vencido al mundo." Y esa promesa, Dios se las da a sus hijos que creen y confían en Él, pero si queremos ser hijos de Dios y que Él dirija nuestras vidas. Tenemos que someternos a Él y entregar nuestras vidas a Él y así poder decir, "Con Cristo estoy juntamente crucificado y ya no vivo yo, más Cristo vive en mí." Qué hermoso es estar crucificado juntamente con Cristo, pero es cierto, a veces hay momentos cuando vienen las pruebas a nuestras vidas ya no aguantamos y queremos bajarnos de la cruz, porque sentimos que ya no podemos más y pareciera que va hacer el final y muchas veces renegamos y blasfemamos contra Dios, diciéndole que no aguantamos más y reclamamos sus promesas sin saber que es precisamente ahí donde Él nos mantiene junto a la cruz, purificándonos pasándonos por el fuego para llegar hacernos el diamante que Él quiere que seamos, porque Él quiere que brillemos como el oro y es precisamente ahí donde se mide nuestra fe, nuestra confianza y nos prueba para ver que material somos, si somos oro o somos leña, porque el oro entre más lo pasan por el fuego, más brillo agarra y la leña a primera pasada se quema y Él quiere que aprendamos a confiar en Él y a creer en Él y que confiemos en Él, sabiendo que cuando Él permite algo en nuestras vidas es porque quiere pasarnos a otro nivel y nunca pensemos que Él nos ha olvidado. Jamás pensemos eso, porque Él jamás olvida a sus hijos y nunca se aparta de nosotros porque Él siempre está ahí cuando más lo necesitamos. Pero, muchas veces, dudamos de Él porque no hemos aprendido a dejar todo en sus manos y mucho menos a creer y a confiar en Él porque si creyéramos en Él, entonces miráramos su gloria como lo dije anteriormente en mis escritos, porque así lo dice en su palabra. No te he dicho que si creyeres verás la gloria de Dios y cuando una persona mira la gloria de Dios en su vida es porque ha aprendido a confiar y a creer en Dios y no solo eso, también a caminar con Él y su gloria lo vamos a reflejar en nuestro vivir porque se notará en nuestras vidas. Porque cuando miramos la gloria de Dios, jamás nuestras vidas podrán ser las mismas, porque hemos aprendido a creer en Dios y a mirar su gloria y es precisamente ahí cuando nos damos cuenta de cuán grande es el amor de Dios y que Él nunca se fue de nuestro lado y mucho menos nos ha soltado. Él siempre está a nuestro lado cuidándonos y Él manda a sus ángeles para cuidarnos de día y de noche. Y sí, es verdad que a veces nos sentimos desesperados y decimos a Dios a gritos, "por favor ayúdanos, no nos dejes" y más tarde nos damos cuenta de su gran amor y que nunca nos ha desamparado porque es nuestro amigo fiel, nuestro pronto auxilio en la tribulación y nadie es como Él, porque su amor hacia nosotros es muy grande que no se puede medir, porque Él es nuestro padre amado. Y como leímos hace ratos, lo que dice en su palabra, con amor eterno te he amado, por eso su amor es eterno y no se compara con nada ni con nadie, porque a pesar que nosotros muchas veces nos portamos mal, Él sigue siendo fiel, porque Él no es como tú y como yo, porque Él es Dios, y su amor es tan grande y es eterno. Y no importa las veces que lo vuelva a mencionar, pero lo voy a volver a decir que su amor es tan grande, pero muy grande y no tiene final y tanto así que hasta dio a su único hijo para que muriera por ti y por cada uno de nosotros en una cruz, para que, por medio de su muerte, nosotros alcanzáramos la salvación y fuéramos salvos y gracias a la muerte de nuestro Señor Jesucristo, que derramó su sangre preciosa, por cada uno de nosotros, es que somos salvos. Y nuestro Señor Jesucristo nos dice en su palabra, "Yo soy el camino, la verdad y la vida, nadie viene al padre si no es por mí." Y por eso, es que hoy te invito a confiar y a creer en Dios, porque Él siempre nos cuidara como a la niña de sus ojos, porque así lo dice en su palabra, "Si Él cuida de las aves, cuidara también de mí, siempre te cuidare, siempre te sustentaré con la diestra de mi justicia." Dios nunca nos soltara de su mano, porque Él cuida de sus hijos, y así que ya no digamos más, por favor Dios no me sueltes porque Él nunca nos ha soltado y jamás nos soltara, porque Él es nuestro Dios y nada ni nadie nos podrá separar del amor de Dios. Porque Él es nuestro padre y si Él es nuestro padre, no tenemos de qué preocuparnos porque Él cuidara también de ti y de mí. Solo confiemos y creamos en Él y en su maravilloso amor, porque Él siempre nos espera con los brazos abiertos porque nadie nos ama tanto como Él y jamás desconfiemos de su amor porque jamás nos ha abandonado y nunca nos soltara de su mano porque Él es nuestro Dios y nadie es como Él. Amen.

Mi Mejor Arma

Por eso, pues, ahora, dice Jehová, convertíos a mí con todo nuestro corazón, con ayuno y lloro y lamento.

El ayuno y la oración, son las armas más poderosas para poder obtener la presencia de Dios y permitir al Espíritu Santo derramarse en nuestras vidas.

Su palabra dice y recibiréis poder, cuando se haya derramado el Espíritu Santo en nuestras vidas.

Mi querido amigo (a), quiero que juntos nuevamente hagamos otro énfasis aquí, cuantas veces en nuestro diario vivir, nos hemos topado con miedos de desesperación, tristezas, llantos, problemas y aun así, con situaciones y problemas en nuestras vidas del tamaño de una piedra, o una roca, o tal vez del tamaño de una montaña, donde pensamos que ya no podemos más con ese problema y lo único que nos viene a la cabeza es pensar en rendirnos y no querer seguir más, tal vez, porque se apoderó de nosotros un miedo tan grande donde solo podemos decir, ya no más. Pues, déjame decirte que todo es pasajero, y que en este mundo somos peregrinos y estamos de pasada y que nada dura para siempre, porque llega un momento en nuestras vidas donde parece ser, que todo es oscuro y no encuentras la luz y tampoco la salida y estas apunto de rendirte porque ya luchaste con todo y contra todos y que ya no sabes qué hacer con tu vida. Quiero que sepas que no todo está perdido y que hay una solución para todo eso. - Y se llama "Jesucristo", porque Jesucristo es la respuesta a todos nuestros problemas y angustias que estamos atravesando, porque Él es nuestro salvador y nuestro pronto auxilio en la tribulación, y Él es la solución a todos nuestros problemas porque Él es la luz del mundo. Y su palabra dice, "Yo soy el camino, la verdad y la vida, y nadie viene al padre, si no es por Mí." Dios quiere que creamos en Él,

y en su hijo, para que ya no andemos en tinieblas
y andemos como hijos de luz. Nuestro Dios nos
dio poder de dominio propio y no de cobardía y
Él nos quiere hacer brillar como el oro y nos hizo
cabeza y no cola y nos hizo a imagen y semejanza y
un poco menor que los ángeles y es por eso que Él
desea vernos como sus hijos y no como huérfanos.
Él desea que prosperemos y nunca nos quiere ver
destruidos porque ningún padre terrenal desea ver
a sus hijos destruidos. Imagínate, Él que es nuestro
padre celestial, nunca nos quiere ver destruidos
porque somos sus hijos y Él es un Dios de poder y
no de miseria. Él quiere que cada uno de sus hijos
acepte que es un príncipe o una princesa, porque Él
es el Rey de reyes y Señor de señores y nadie como
Él y si aprendemos a confiar en Él y a creerle a Él,
entonces nuestras vidas serán transformadas, hasta
el punto de aprender a depender de Él como un
niño de brazos depende de su mamá. Así quiere Él
también, que nosotros lo reconozcamos a Él como
nuestro padre celestial, el cual, tiene cuidado de
cada uno de nosotros. Pero, Él no nos puede obligar
a creer en Él porque nos dio libre albedrío y somos

nosotros los que decidimos seguirlo o no. Él nunca obliga a nadie, aunque Él quisiera hacerlo, no lo hace porque Él desea que seamos nosotros mismos los que demos ese paso de fe, y seguirlo a Él. Pero cuando decidimos seguirlo y entregar nuestras vidas a Él, también empezamos a caminar con Él y empezamos a confiar y a creer en Él, pero no solo eso, también, aprendemos a depender de Él. ¿Y sabes qué? es lindo creer y confiar en Él, y aún más a depender de Él, porque empezamos a ver en nuestras vidas que todo lo que un día nos hizo daño, toda obra para bien. Dios nunca deja a sus hijos desamparados, Él siempre está ahí y tiene el control de todo el universo y de todas las cosas en nuestras vidas. Y su palabra dice, "No he visto justo desamparado ni su simiente que mendigue pan."

"Si Dios con nosotros, ¿quién contra nosotros? Dios es nuestra fuerza y nuestro pronto auxilio en la tribulación, Él es nuestro gran Yo Soy y es nuestro protector y nos llena de gozo y poder cuando su Espíritu Santo se derrama sobre nuestras vidas, porque el gozo del señor es nuestra fortaleza. Y recuerda que cuando Dios quiere enseñarnos algo,

nos habla por medio de su palabra, o por medio de
la oración, y por supuesto por medio del ayuno. Y
con eso te quiero decir, cuando oramos y ayunamos
y leemos su palabra, Dios nos da la sabiduría y nos da
el conocimiento necesario para adaptarlas a nuestras
vidas. Y ángeles se movilizan a nuestro favor para
darnos de su ayuda y así, ya no luchemos solos, sino
que Dios mismo está con cada uno de nosotros
ayudándonos a salir de nuestros problemas y del pozo
de desesperación que a veces estamos. Pero cuando
buscamos a Dios de todo corazón, Él mismo dice en
su palabra, "Y me buscaréis y me hallaréis, porque
me buscareis de todo vuestro corazón." Dios nunca
nos deja igual que antes, Él siempre nos transforma
y cada día nos moldea hasta llegar a ser la persona
que Él quiere que seamos. Él siempre nos lleva de
triunfo en triunfo y de victoria en victoria hasta
llegar a ser la luz que Él quiere que seamos. Porque
cuando conocemos a Dios, nos damos cuenta de que
Él siempre ha estado ahí y que nunca se ha ido de
nuestro lado, y que somos nosotros los que dejamos a
Dios, porque Él nunca nos ha dejado solos y mientras
más nos acercamos a Él, miramos más nuestro pecado

porque Él es santo, y como Él es santo, miramos más nuestros errores y pecados y solo Dios en su infinito amor nos ilumina nuestras vidas y nos transforma y nos hace sus hijos e hijas, por su gracia y amor porque solo en ese ser supremo, encontramos el verdadero amor, porque así mismo lo dice en su palabra. Dios es amor y si Dios es amor, en Él no puede haber nada malo porque dejaría de ser Dios.

Como lo he dicho anteriormente en otros capítulos, porque en Dios no puede a ver maldad alguna porque en Dios está todo lo bueno, porque Él es bueno y solo en Él se encuentra todo lo bueno, todo lo hermoso y todo lo puro. Y en Él está el amor porque Dios es amor, y todo lo bueno viene de Dios, y todo lo malo viene del enemigo, y así, es que cuando nos vaya mal o algo no nos sale bien como queríamos que saliera, no le echemos la culpa a Dios porque como dije anteriormente, de Dios solo pueden venir cosas buenas, porque Dios es amor y Dios quiere que cada uno de nosotros aprendamos a vivir en amor y humildad, pero que lo hagamos de corazón, y así poder dar amor a nuestro prójimo. Pero, si queremos tener todo eso, tenemos que someternos a Dios todos los días para poder tener amor y dar amor, pero eso solo lo podemos lograr estando en comunión con Él y ¿cómo podemos lograrlo? sometiéndonos a Él, día a día con mucha oración y con ayuno. Porque mucha oración, mucho poder y si oramos y ayunamos, tenemos el arma más poderosa para poder vencer cualquier obstáculo y así también, poder recibir, el Espíritu Santo en nuestras vidas. Porque la oración del justo puede mucho, y no lo digo yo, lo dice Él en su palabra, mucha oración, mucho poder porque la oración y el ayuno es nuestra mejor arma.

Solo Dios Hace Al Hombre Feliz

Si alguno le falta sabiduría, pídala, que la palabra de Dios dice que nosotros siendo malos podemos dar buenas dádivas a nuestros hijos con temas Dios nos dará el Espíritu Santo a quien se lo pida. Desde el principio de la creación, Dios en su infinito amor ha dejado que el ser humano sea feliz. Pero por causa de la mentira que inició en el cielo con lucifer y sus ángeles y la desobediencia en el edén, vino hacer un mundo lleno de pecado y es ahí donde empezó el sufrimiento del ser humano. Pero, ahí no acabó todo, Dios amó tanto al mundo que dio su único hijo para que todo aquel que en Él crea no se pierda, más tenga vida eterna. Y si nuestro Señor Jesucristo murió por ti y por mí en una cruz, es porque nos ama tanto y esa debe de ser nuestra gran esperanza de llegar a ser salvos y llegar a obtener la vida eterna por la sangre preciosa del hijo de Dios, y su nombre es Jesucristo. Porque lo que Dios desea, es que, seamos realmente felices y no nada más en el cielo, también aquí en la tierra. A lo mejor, estas apunto de darte por vencido, y has pensado en rendirte porque ya no puedes más. Hoy te dice nuestro Dios que no lo hagas, y si piensas rendirte, sólo ríndete a sus pies de Él, y que esperes un poco más, porque lo que tanto has pedido, te lo dará. Solo tenemos que saber esperar y confiar en Él. Su palabra dice, "Espera en mí, porque el que espera en mí, jamás, será avergonzado." "Pacientemente, esperé a Jehová y se inclinó a mí, y oyó mi clamor, y me hizo sacar del pozo de la desesperación del lodo cenagoso; puso mis pies sobre peña, y enderezó mis pasos. Puso luego en mi boca cántico nuevo, alabanza a nuestro Dios. Verán esto muchos y temerán y confiarán en Jehová."

Querido hermano, hermana, amigo (a), a lo mejor no ha hecho fácil para ti hasta este momento, pero déjame decirte, que Dios ya destinó el día, los minutos y la hora para tu victoria. Solo confía en Dios, porque cuando Dios calla, es porque está trabajando. Cuando Dios determinó algo en ti y en mí, lo hará, aunque el proceso a veces es lento, pero lo hará, y tu victoria está asegurada en las manos de nuestro Dios, porque Él siempre cumple sus promesas, si realmente le obedecemos y lo amamos, Él cumplirá lo que prometió, porque el que comenzó la buena obra, en ti la terminará. Dios no es Dios de muertos, sino de vivos. Tarde o temprano nuestros ojos mirarán aquello que tanto le hemos pedido. A lo mejor, estás pensando esto, ya no va a suceder...

Déjame decirte... que ¡sí va a suceder! porque Él es fiel y si Él pudo sacarme donde yo me encontraba y enderezó mis pasos y ha hecho mi sueño realidad dándome lo que tanto le pedí...

Mi primer libro titulado, "Después de Ayer", y mi segundo libro que ahorita estás leyendo titulado, "Inquebrantable", y ha contestado muchas de mis peticiones que le he pedido. También, puede hacer lo mismo contigo y ese mismo Jesús que me ayudó a mí, es el mismo que resucitó a lázaro al cuarto día, y es el mismo que cruzó al pueblo de Israel en seco al otro lado del mar, y curó a la mujer del flujo de sangre. También, tiene el poder para hacer lo mismo contigo, ¿no crees? Él es especialista en imposibles, porque para Dios nada es Imposible...

Solo tenemos que someternos a Él y creer en Él, y Él se encargará de hacernos muy felices y hacer nuestros sueños realidad. Porque Él es poderoso en gran manera, y para Él nada es imposible y como lo he dicho anteriormente, Él tiene el almacén del cielo para darnos lo que pedimos, si lo pedimos de todo corazón, y conforme a su voluntad, Él lo hará, porque Él desea vernos felices, como nuestro padre que es, así como los que somos padres, queremos lo mejor y la felicidad de nuestros hijos. Él desea lo mejor para cada uno de sus hijos, sin importar nuestro pecado... Y lo malo de nosotros, es que, abusamos del gran amor que nuestro Dios nos tiene, porque Él nos ama tanto, que nos perdona nuestros errores y pecados cuando nos arrepentimos de verdad. Y le confesamos nuestros pecados con nuestra boca, Él nos oye y nos perdona, y de nuestros pecados no se acuerda jamás, y los avienta al fondo del mar y nos deja más limpio como la lana y ya no somos mas pecadores. Solo que el enemigo se encarga de sacarnos a cada rato nuestra desnudez y nuestro pecado, haciéndonos pensar que todavía somos pecadores, cuando Dios nos dice que de nuestros pecados no nos acordemos más. Porque nuestro Señor Jesucristo ya derramó su sangre por cada uno de nosotros y así poder decir, ya no vivo yo, mas Cristo vive en mí, las cosas viejas pasaron, he aquí todas son hechas nuevas. Confiemos cada día en el amor de Dios y en sus promesas de que algún día nos dará el deseo de nuestro corazón, porque Él lo prometió, y lo que para nosotros es imposible, para Dios todo es posible, o acaso ¿hay algo imposible para Dios? ¿No verdad? Porque para el que cree, todo le es posible. Solo confiemos en nuestro Dios y obedezcamos a sus mandamientos, y Él que es fiel, nos dará todo aquello que un día, le hemos estado pidiendo y que hemos esperado tanto, un día, sí, sabemos y aprendemos a confiar y a esperar en Él. Él nos pondrá en los lugares que jamás y nunca pensamos estar tu y yo... Solo confiemos en Dios porque solo Dios hace al hombre feliz. Y no importa lo que esperemos para ser felices, todo vale la pena. Cuando aprendemos a confiar y a esperar en Dios y en sus promesas, todo es mejor, por ejemplo si alguien dijera en este momento que en 5 años te va a dar una herencia, pero para poder recibir la herencia, tienes que vivir con tu abuelita y en la casa de tu abuelita, aunque ella ya no este, tienes que aceptar las reglas hasta que lleguen los 5 años, pero mientras ella viva, tienes que cuidarla y bañarla todos los días, cuidar de su alimentación, y como dije, si ella llegará a faltar, todavía tienes que vivir en esa casa, sin dejar la casa sola para poder recibir tu herencia y si no cumples con los requisitos y no obedeces las reglas que te mandaron, no podrás recibir tu herencia. La pregunta es, ¿tú lo harías? ¿Te sacrificarías, obedecerías y esperarías por tu herencia? Yo pienso que, lo más fácil, seria, esperar y obedecer para recibir. Pero no todos aguantaríamos y obedeceríamos porque a veces es muy duro esperar y mucho menos obedecer, pero, somos nosotros los que decidimos porque Dios nos dio libre albedrío...

Pero si no obedecemos las reglas que se mencionan ahí para recibir la herencia, entonces, no podemos recibir la herencia y tenemos que trabajar el doble para poder tener el valor de la herencia, y lo mismo pasa con Dios, Él tiene para cada uno de nosotros, algo que Él prometió si confiamos y le obedecemos a Él, y le somos fiel y creemos en sus promesas. Él, a su tiempo nos dará lo que Él prometió, nos dará el deseo de nuestro corazón porque Él lo dijo en su palabra, "Deléitate así mismo en Jehová y Él te dará los deseos de tu corazón, porque Él lo prometió, y lo que Él promete lo cumple, porque solo Dios hace al hombre feliz..." Amen.

¡Si Dios Con Nosotros, Quien Contra Nosotros!

El que habita al abrigo del altísimo, morara bajo la sombra del omnipotente.

Salmos: 91:1

L inda promesa que encontramos en el Salmos 91 ¡verdad! ¿Sabes querido amigo (a)?, cuando nuestros hijos están en casa, ellos viven bajo la autoridad de sus padres, y bajo el cuidado de sus padres, ¡claro hasta cierta edad! Porque son hijos que aún viven en casa, y son nuestros hijos así pasa con esta promesa, que se encuentran en el Salmos 91 y esa promesa es solamente para los hijos de Dios, para los que lo reconocen como padre. Y que andan en sus caminos y viven bajo la sombra de sus alas, porque los hijos de Dios, los que nos sometemos a Dios y a su autoridad, y a su cobertura. Estamos bajo las alas del todopoderoso y vivimos de poder en poder, y no de derrota en derrota. Porque esa autoridad, Dios se las da solamente a sus hijos y es por eso que dice en su palabra sobre el león y el áspid pisarás, hollarás al cachorro del león y al dragón, diré yo a Jehová esperanza mía y castillo mío. Mi Dios en quien confiaré, Él te librará del lazo del cazador de la peste destructora, con sus plumas te cubrirá y de bajo de sus alas estarás seguro. Y es ahí donde podemos decir si Dios con nosotros quién contra nosotros.

¡Qué lindo es verdad! Sentirse protegido, protegida por nuestro Dios, que es fuerte, que es poderoso y que nada ni nadie se le compara a Él, porque Él es el gran yo soy, Él es nuestro protector, nuestro amigo fiel, el principio y el fin, Él es inquebrantable y su nombre es Jehová de los ejércitos... Él es nuestro padre celestial, y es nuestro Dios y mientras Dios camine con nosotros a nuestro lado no tenemos que tener miedo, porque nada ni nadie nos podrá hacer daño. Porque necesitaría no estar Dios con nosotros. Para que alguien nos lastime y mientras Dios nos cobija bajo sus alas, nada nos puede pasar. Su palabra dice, "Si alguien conspirare contra ti sin mí, será." Que Dios tan maravilloso tenemos, ¡verdad! Que no desea que nada, ni nadie nos lastime porque somos la niña de sus ojos. ¡Y si Dios con nosotros, quien contra nosotros!, como lo dije anteriormente. ¡Imagínate! nosotros como padres no dejamos que lastimen a nuestros hijos mientras nosotros estemos presentes, trataremos de cuidar y defender a nuestros hijos de todo mal. Necesitamos no estar ahí para no defenderlos, pero mientras estemos ahí al lado de ellos, los defenderemos, como un león defiende a sus cachorros para que nadie les haga daño y a sí mismo nuestro padre Dios nos cuida de todo mal para que nadie nos haga daño y mientras más vamos conociendo a Dios nos vamos dando cuenta de que es un ser tan grande y supremo y que su amor hacia sus hijos es tan grande como Él mismo. Que no tiene límites porque solo Él es capaz de dar ese amor sin medida, y sin mirar nuestros errores y sin tomar en cuenta cuanto le fallamos día a día y aun así Él es fiel y su fidelidad es para siempre. Porque Él es lento para la ira y grande en misericordia. Y es que en verdad no merecemos el amor de Dios, porque siempre le fallamos, pero aun así, Él nunca se aparta de nosotros, aunque nosotros a veces lo hacemos a un lado, Él siempre está ahí caminando día y noche de nuestro lado aunque no lo miramos, Él siempre está ahí y no importa cuán bajo hayamos caído, o hemos caído, o el problema que en este momento estemos atravesando. Siempre tengamos en cuenta que Dios siempre llega a tiempo para rescatarnos y sacarnos de ese pozo de desesperación o de ese problema donde nos encontramos porque solo Él tiene el poder y la autoridad para cambiar cualquier problema u obstáculo en una gran bendición, porque nada hay imposible para Dios. Y me hizo sacar del pozo de la desesperación, y luego puso en mi boca cántico nuevo, verán esto muchos y temerán a Dios. Cuando Dios llega a nuestras vidas, jamás seremos los mismos porque su Espíritu Santo es el que se encarga de ir transformando nuestras vidas, día a día hasta llegar a ser la persona que Dios quiere que seamos y no importa lo que tengamos que sufrir y lo que tengamos que dejar por andar en sus caminos, nada ni nadie podrá derrumbarnos porque mayor es el que está en nosotros que el que está en el mundo. Si Dios con nosotros quién contra nosotros.

Dios no dijo que sería fácil nuestro caminar en sus caminos, pero tampoco dijo que sería imposible. Él dijo, "En el mundo tendréis aflicción, pero confiad que Yo he vencido al mundo.", Él quiere y desea que realmente seamos felices, Él no quiere que suframos, Él solo quiere vernos feliz porque Él quiere lo mejor para sus hijos, y así lo dice en su palabra, que Él tiene planes para cada uno de nosotros, planes de bien y no de mal. Y Él quiere que aceptemos a su hijo Jesucristo como nuestro único Salvador personal porque nuestro Señor Jesucristo es el camino a todo lo que nosotros soñamos y no solo eso, Él es el camino, la verdad y la vida; y nadie viene al padre si no es por mí, y Él así lo dice en su palabra. Solo tenemos que buscarlo y Él nos está esperando con los brazos abiertos porque nos ama tanto, que lo único que Él desea es que lo aceptemos como padre, para que Él pueda llamarnos hijos, y juntos caminar de la mano de Él olvidando todo aquello que nos hace daño, porque Él es especialista en cambiar nuestro lamento en gozo. Porque acaso hay algo imposible para Dios, ¡no verdad! Para Él, todo es posible, y si Dios dijo que nunca nos dejara, es porque así lo hará y nunca nos dejara y siempre nos sostendrá con la diestra de su justicia; y no hay nada que temer, porque si Dios con nosotros, ¡quién contra nosotros!

Fe, Esperanza y Amor

Y ahora permanecen la fe, la esperanza y el amor. Estos tres, pero el mayor de ellos es el amor. Es pues la fe, la certeza de lo que se espera, la convicción de lo que no se ve. Querido amigo (a), cuántas veces en nuestro diario vivir hemos sido muy incrédulos y preferimos confiar en otras personas, que confiar en Dios. Cuando Dios solo quiere que aprendamos, solamente a confiar en Él y hacemos todo lo contrario. Cuando la biblia dice, "maldito el hombre que confía en el hombre." Querido amigo (a), nuestro Dios nos está diciendo aquí en su palabra que solamente tenemos que confiar en Él, y no en el hombre. Dios desea que aprendamos a ser unas personas llenas de fe, porque, además, así lo dice en su palabra. Sin fe es imposible agradar a Dios, y él solo desea que vivamos una vida llena de fe porque la fe es muy importante para nuestras vidas. Cuando Dios nos habla de la fe, tenemos que creer que va a suceder. Fe es confiar que va a pasar y que va a suceder y significa mucho para Dios la palabra Fe. Que, si pedimos algo a Dios sin que lo hayamos visto y tocado, eso es tener fe. La biblia dice, "no te he dicho que si creyeres verás la gloria de Dios." Por lo tanto, la fe es como una hermana que viene a ayudarte y a consolarte, cuando más se necesita, es un arma tan poderosa que toda persona tenemos que apropiar a nuestras vidas porque la fe es creerle a Dios y confiar en Él, y creerle a su palabra y sí confiamos en Dios y le creemos a Dios, mayores cosas que Él haremos, porque así lo dice en su palabra. Porque es necesario que el que se acerca a Dios, crea que le hay y que es galardonador de los que le buscan y si dos personas se ponen de acuerdo en la tierra para pedir cualquier cosa, Él lo hará. Porque si tu fe es chiquita, así es tu Dios; y si tu fe es grande, así es tu Dios. Cuando la mujer del flujo de sangre se acercó a Jesús con doce años de sufrimiento, nada ni nadie lo podía sanar, y ella ya no podía más, pero un día, ella oyó hablar del maestro y ella dijo que, si tan solo podía tocar su manto, Él me sanara, y entonces ella puso su confianza en Dios y activó su fe. Y cuando Jesús pasaba cerca de su casa, ella salió al encuentro con su maestro y tocó el manto de Jesús, y al instante sanó de su enfermedad, y Jesús le dijo, "ten ánimo hija, tu fe te ha sanado." Y lo único que Dios quiere es que activemos nuestra fe, porque sin fe es imposible agradar a Dios, y al poner nuestra fe en Dios, ponemos nuestra esperanza en Él, y ya no vivimos desesperados, amargados, porque Dios vive en nosotros y ahora tendremos la esperanza de que Dios está ahí y ya no estamos solos porque hemos aprendido a tener fe y esperanza en Dios. Los hijos de Dios, tenemos que vivir esperanzados a que va a suceder el milagro que tanto le hemos pedido, los que no confían en Dios no tienen ninguna esperanza a nada porque han perdido la esperanza. Porque ellos no tienen a Dios, pero los hijos de Dios, vivimos día a día esperanzados de que lo que estamos esperando, pronto va a suceder, y que va a pasar porque hemos aprendido a dar el primer paso de fe. Y al mismo tiempo tenemos esperanza de que ese milagro pronto sucederá. Hay un dicho que dice, que la esperanza es lo último que se pierde, y los que creemos en Dios tenemos la esperanza de que los muertos en Cristo resucitarán primero, y también tenemos esperanza de que Jesús volverá a la tierra por segunda vez, porque así lo dice en su palabra y sí lo dice en su palabra, así va a suceder, porque Él es fiel a su palabra. Solo tenemos que confiar y tener nuestra esperanza en Él y que, a su tiempo, no en el de nosotros nos dará el deseo de nuestro corazón. No sé cuando será, pero tenemos que aprender a confiar y a creerle a Dios y tener la esperanza que después de la tormenta viene la calma. Solo tenemos que esperar en Dios porque Él tiene el control del universo, y Él quiere que sus hijos seamos realmente felices, porque nadie nos ama tanto como Él, porque Él es nuestro padre celestial y nada se le compara a Él, porque nadie es como Él y los hijos de Dios nunca tenemos que perder la esperanza en Dios. Porque nuestra mayor esperanza es mirar cara a cara a nuestro salvador algún día y vivir juntos para siempre por la eternidad en la tierra nueva que Dios tiene preparado para los que le aman. Porque Dios no quiere que sus hijos sufran, Él quiere lo mejor para cada uno de sus hijos, porque Dios es amor. "El que no ama no ha conocido a Dios porque Dios es amor." Así lo dice en su palabra, "Porque de tal manera, amó Dios al mundo, que dio a su único hijo para que todo aquel que en Él crea, no se pierda, más tenga vida eterna." San Juan 3:16

Querido amigo (a), no sé cuantas veces te has preguntado, "¿existe el amor?" tal vez muchas veces, porque incluso yo misma me lo he preguntado, pero déjame decirte que llegué a una conclusión, y descubrí que el amor, ¡sí, existe! porque Dios es amor, y todo aquel que vive en Cristo, el amor de Dios, vive en Él, porque ya no vivo yo, mas Cristo vive en mí. Dios nos llena de fe, esperanza y amor. Porque la fe nos hace creer en Dios, y si creemos en Dios tenemos esperanza. Y si nuestra esperanza está en Dios, hacemos bien porque Dios es amor, y si Dios es amor, sabemos que Él es bueno. Y solo desea hacernos felices y no quiere vernos sufrir, porque Él no ama tanto que solo desea la felicidad de sus hijos, pero no lo entendemos, porque en Dios nada malo hay, y solo hay cosas buenas, porque si Él fuera malo, entonces no fuera Dios, porque Dios es un Dios que tiene un corazón tan grande y es infinito y en Él no hay maldad alguna porque Él es un Dios grande y misericordioso, porque Dios es amor. Y como lo he dicho anteriormente, todo lo bueno viene de Dios y todo lo malo viene del enemigo y cuando pasamos por pruebas y nos va mal, no le echemos la culpa a Dios, porque Él es bueno y nada de malo hay en Él porque Él es amor. Y muchas veces por nuestros errores y malas actitudes y nuestras malas decisiones, fueron las que nos hicieron llegar ahí, y muchas veces nuestro Dios nos libra del mal, pero muchas veces tenemos que pasar por esos malos momentos, por nuestras malas decisiones y el enemigo es especialista en engañarnos, haciéndonos creer que es Dios, el que nos metió en esos problemas, cuando somos nosotros mismos los que nos metemos ahí por nuestras malas decisiones y nuestra desobediencia.

Como lo dije anteriormente, Dios solamente quiere ayudarnos a salir de donde nosotros mismos nos metimos, y no le dejamos que nos ayude, porque no hemos aprendido a confiar en Él, y cuando aprendemos a confiar en Dios, Dios nos hace que vivamos una vida llena de felicidad, y de amor. Todo esto tal vez lo he dicho anteriormente y siempre te lo voy a decir y te lo voy a recordar una y otra vez hasta que llegues a entender que Dios es amor, y en su palabra dice, "Si yo hablase lenguas humanas y angélicas y no tengo amor, vengo a ser como metal que resuena o címbalo que retiñe." 1 Corintios 13:1

"Y si tuviese profecía y entendiese todos los misterios y toda ciencia, y si tuviese toda la fe de tal manera que trasladase los montes y no tengo amor, nada soy. Y si repartiese todos mis bienes para dar de comer a los pobres y si entregaré mi cuerpo para ser quemado y no tengo amor, de nada me sirve. "El amor es sufrido, es benigno, el amor no tiene envidia, el amor no es jactancioso, no se envanece, no hace nada indebido, no busca lo suyo, no se irrita, no guarda rencor, no se goza de la injusticia, más se goza de la verdad, todo lo sufre, todo lo cree, todo lo espera, todo lo soporta, el amor nunca deja de ser y ahora, permanecen, la fe, la esperanza y el amor, estos tres, pero el mayor de ellos es el amor." 1 Corintios 13:1, 2, 3-8 4 13.

Todo o Nada

"Si alguno quiere seguirme, niéguese así mismo, tome su cruz y sígame."

Mi querido amigo (a), tal vez te preguntarás qué significa negarse a sí mismo. Muy bien, te lo voy a contestar negarse a sí mismo significa negarme a mí misma, morir al yo día a día, o sea renunciar a muchas cosas y dejar todo lo que a Dios no le agrada, y la verdad vale la pena dejarlo todo, por seguir a Cristo. Porque es ahí precisamente donde morimos al yo, para dar lugar a la voluntad de Dios en nuestras vidas, porque estamos haciendo un sacrificio por agradar a Dios en nuestro diario vivir, y no solo eso, también tenemos que agradar a Dios con nuestros hechos, de modo que lleguemos a ser verdaderos discípulos de Cristo. Pero para llegar a ser verdaderos discípulos de Cristo hay un precio que pagar, porque no es fácil, hay que sufrir primero para que Dios vea cuanto estas dispuesto hacer por Cristo, y para eso Dios nos pide todo o nada, así como Cristo sufrió y lo dio todo por amor a ti y a mí, para salvarnos y pagó el precio de su muerte en la cruz del calvario para poder reinar, así nos dice Él a nosotros, "Si quieres ser en verdad mi discípulo, niégate a ti mismo, toma tu cruz y sígueme." No será fácil, pero es el mejor camino que puedes seguir, porque al final está la victoria, y así lo dice en su palabra, porque es por medio de su palabra que Él nos alienta, dejándonos muchas promesas para los que lo aman, porque Él tiene tantas promesas para aquellos que le obedecen de verdad y lo buscan de corazón, porque todo aquel que busca a Dios con todo su corazón y con toda su alma y con toda su mente. Dios le da esta promesa que dice en su palabra, "y me buscaréis y me hallaréis cuando me buscareis de todo corazón." Porque Dios nos pide todo o nada y es que muchas veces queremos jugar hacer cristianos y queremos hacer las cosas buenas, pero también queremos hacer las cosas malas, y así no se puede llegar hacer un verdadero discípulo de Cristo, porque para ser un discípulo de Cristo cuesta mucho, pero con la ayuda de Dios, podemos llegar hacer ese discípulo que Dios quiere que seamos, y muchas veces tenemos que dejar de hacer cosas que antes hacíamos. Y muchas veces tenemos que llorar amargamente y no solo eso, también vamos hacer pasados por diferentes tipos de pruebas para poder ser probados como el oro y así poder brillar como Cristo quiere que brillemos. Y así poder ser un verdadero discípulo y un verdadero hijo de Dios. Y como lo he dicho antes, seguir a Dios cuesta y no he dicho que no, claro que cuesta seguir a Cristo, pero es lo mejor que podemos decidir, porque si seguimos a Cristo, nos convertimos coherederos de Jesucristo, y mi pregunta es, ¿Si no seguimos a Dios, entonces a quien seguimos?, porque somos nosotros los responsables de nuestras propias decisiones y Dios nos dio libre albedrío para que nosotros mismos decidamos, a quien queremos seguir, porque solo hay dos caminos y como digo siempre, o eres hijo de Dios, o eres hijo del diablo, porque solamente existen dos señores, el bueno y el malo y es cierto que a veces muchos de nosotros decimos todos somos hijos de

Dios, pero déjame decirte algo, es cierto que todos somos creación de Dios pero no todos somos hijos de Dios, porque muchas veces decimos, yo creo en Dios y por eso soy hijo (a) de Dios. Pues, déjame aclararte algo, hasta el diablo y sus demonios creen en Dios por eso no basta solo creer en Dios, sino también obedecer y someterse a Dios todos los días desde que te levantas, esa debe de ser tu primer tarea, no solamente basta creer, si no también obedecer y someterse a Él todas las mañanas y entregarle nuestra voluntad a Dios para que puedas saber cuál es la voluntad de Dios para nuestras vidas, y así debería de ser siempre desde que abrimos los ojos y nos levantamos hasta que llega la noche y nos acostamos. Deberíamos estar sometidos a Él como dice su palabra, "somete a Dios todas las mañanas y el diablo huirá de ti." Su palabra dice en Eclesiastés 12:13

El fin de todo discurso oído es este: Teme a Dios, y guarda sus mandamientos; porque esto es todo del hombre.

Pero quiero aclararte algo aquí, temer a Dios, no significa que Él es malo y tenemos que tenerle miedo, ¡no es así! Temer a Dios es precisamente obedecer y apartarse del mal, y someternos a Él todos los días de nuestras vidas y hacer su voluntad y lo más importante reconocer que nuestro Señor Jesucristo, es el hijo de Dios y por Él somos salvos. Y Él desea que entreguemos nuestras vidas a Él para poder ser salvos y que nuestros nombres aparezcan en el libro de la vida y así poder ser llamados hijos de Dios. Porque un hijo de Dios, es aquel que se somete a Dios y lo reconoce como padre y vive bajo la autoridad del padre, porque lo reconoce como padre. Los hijos de Dios vivimos bajo la sombra del todopoderoso, porque vivimos bajo la cobertura de Él, y los hijos de Dios vivimos de poder en poder y no de derrota en derrota, porque somos hijos e hijas del Dios altísimo, y lamentablemente no se puede servir a dos señores, porque con alguno queda mal, por eso dice la biblia, "que no se puede servir a Dios y a las riquezas, porque con alguno queda mal." Lucas 16:13

Y también, nos dice en su palabra, "ojalá fueses frío o caliente, pero tibio te vomitaré de mi boca." Él es un Dios celoso y no le gusta compartir su gloria con nadie y mucho menos a sus hijos que Él mismo separó de las tinieblas a su luz admirable y, por lo tanto, Él nos ha hecho ser llamados hijos de Dios. Por eso seguir a Dios cuesta, porque Él nos pide todo o nada, pero vale la pena seguir a Cristo, porque al final hay una recompensa grande para todo aquel que le obedezca y lo ame. Dios es bueno y misericordioso, es lento para la ira y grande en misericordia. Vale la pena seguir a Cristo, porque al final, podremos alcanzar la vida eterna.

Su palabra dice, "Si alguno quiere salvar su vida, la perderá, pero si alguno perdiera la vida por causa mía o del evangelio, la salvará." Y sabemos que los muertos en Cristo resucitarán primero y no importa lo que suframos aquí en la tierra, un día vamos a reinar con Él para siempre allá en el cielo, porque esa es la gran promesa que Él tiene para sus hijos que lo aman. Y todo lo que vivimos en este mundo quedará atrás y en el olvido y ya no habrá más sufrimientos ni tormento, ni desesperación porque así lo dice en su palabra, "Allá no habrá mas llanto ni lágrimas, porque las primeras cosas pasaron y he aquí todas son hechas nuevas." Pero ahí no acaba la promesa porque también esperamos cielos nuevos y tierra nueva y lo más hermoso, es que podremos verle cara a cara a nuestro Dios, tal y como Él es, porque así lo prometió y es por eso que no importa lo que aquí en la tierra suframos. Cualquier sacrificio por seguir a Jesús vale la pena porque la verdad seguir a Jesús cuesta y no es fácil y muchos de nosotros nos quedamos a medio camino porque este camino es muy angosto y no cualquiera entra, porque es el camino que lleva a la vida eterna. En cambio, el camino de la perdición, es espacioso y muchos entran por ahí, pero el camino angosto y que lleva a la vida eterna, es solo para valientes y no para cobardes y pocos son los que lo encuentran, porque solo los valientes arrebataran el reino de los cielos, es por eso que nuestro Dios nos pide todo o nada.

Misericordia

"Alabad a Jehová naciones todas, pueblos todos alabadle porque ha engrandecido sobre nosotros su misericordia y la felicidad de Jehová es para siempre Aleluya." Salmos 117:1, 2.

Yo no sé a quién habla en este momento el Espíritu Santo, pero seguramente a mi primero, o talvez a ti, mi querido hermano (a), amigo (a), pero lo más seguro es que hoy nos está hablando el Espíritu Santo a alguno de nosotros, o talvez a ti que estuviste en la iglesia y te alejaste, o tal vez, a ti que robaste, que mataste, o adulteraste, estando en la iglesia. En fin, no sé el motivo de tu pecado, ni cuáles fueron las circunstancias que te llevaron ahí, pero, en fin, no me toca a mí juzgar, y ni tu a mi juzgarme, porque hay alguien que un día nos pedirá cuentas y ese alguien tiene su nombre y se llama Jesucristo, el hijo de Dios. Pero solo quiero decirte que no todo está perdido aunque nos hayan señalado y criticado, aún hay una esperanza y nuestra esperanza es Jesucristo, el hijo de Dios que aún espera por ti y por mí, con los brazos abiertos y sin reprocharnos nada, porque Él es nuestro salvador y nos ama tanto que tiene su corazón lleno de amor por ti y por mí y para cada uno de nosotros los seres humanos, y tiene mucha misericordia para cada uno de nosotros, porque su misericordia es para siempre y es infinita y es eterna. Y Él no es como tú y como yo que nos juzgamos unos a otros, Él es Dios y Rey de reyes y Señor de señores, Él es el gran Yo Soy, y Él es nuestro salvador, y su nombre es Jesucristo el hijo de Dios, el todo poderoso, el que se desposó así mismo. Y murió por ti y por mí, en la cruz del calvario porque nos ama tanto que no le importó morir para que tú y yo viviéramos. Él ya dio todo por nosotros porque el amor de Dios es tan grande que no se puede medir, "Porque de tal manera, amó Dios al mundo que dio a su hijo Unigénito para que todo aquel que en Él crea no se pierda más tenga vida eterna." Dios dio lo más preciado por ti y por mí, dio su único hijo para que por medio de Él pudiéramos ser salvos. Solo tenemos que arrepentirnos y creer en el hijo de Dios que es nuestro Señor Jesucristo, para poder ser salvos y poder alcanzar la vida eterna.

Y quiero decirte algo en el nombre de Jesús, como lo dije anteriormente en mi primer libro, que no importa cuán grande es el tamaño de nuestras pruebas y problemas que vienen a nuestras vidas, nuestro Dios siempre tiene el control de todo y tiene misericordia de sus hijos. Es importante que entiéndanos esto, no es lo que hayamos hecho, no es lo que ahora seamos, no es de dónde venimos ni adónde vamos, solo quiero que entiendas que es por Jesucristo que nuestro Dios tiene sus ojos en nosotros y su misericordia y su bendición, jamás se apartan de nuestras vidas. Nuestro Dios es fiel y su misericordia es para siempre y como seres humanos y pecadores que somos, cada rato le fallamos porque nuestra pecaminosidad está siempre enfrente de nosotros y por más que queremos portarnos bien, siempre fallamos y pecamos a cada rato con nuestra mente con nuestros hechos, y a veces pensamos que ya no tenemos perdón, porque el enemigo siempre se encarga de apuntarnos con el dedo, y nos señala y nos acusa a cada rato, haciéndonos creer que no tenemos perdón, pero en realidad no es así, porque él es mentiroso y solo vino a engañar y a destruir, porque él es malo. Pero Dios vino a dar vida y vida en abundancia, porque Dios es nuestro padre celestial y Él es bueno y lo único que Él quiere es que seamos felices, porque Él desea lo mejor para cada uno de nosotros. La biblia dice, que no hay justo ni aun uno, y bueno solo Dios y porque Dios es bueno y nos ama tanto. Siempre cuidara de ti y de mi porque su amor y su misericordia es para siempre, porque Él es bueno, porque la misericordia de Dios es un favor no merecido y si recibimos misericordia no lo recibimos por buenos, sino porque el que nos da la misericordia es bueno. Es por eso que la misericordia de Dios es un don de Dios, porque el único bueno es Dios y sus misericordias son nuevas cada mañana. Y como dijo Pablo, "Lo bueno que quiero hacer no lo hago, y lo malo que no quiero hacer, eso hago." Pero no importa cuánto mal hayamos hecho hasta el día de hoy, si nos arrepentimos y confesamos nuestros pecados con nuestros labios, Dios nos oye y nos perdona porque su misericordia es para siempre. En Salmos 36:7, dice, "Cuán preciosa o Dios es tu misericordia, por eso los hijos de los hombres se amparan bajo las sombras de tus alas.

"Alabad a Jehová porque Él es bueno; porque para siempre es su misericordia." Salmos 118:1.

No Temas

Isaías 41:10

"No temas porque yo estoy contigo, no desmayes porque yo soy tu Dios que te esfuerzo, siempre te ayudaré, siempre te sustentaré con la diestra de mi justicia."

Hermosas las palabras que nos dice aquí nuestro Padre Celestial y nos alienta a no tener miedo a no temer a nada y a nadie, porque Él está con nosotros y nunca nos dejara, aunque la tormenta sea fuerte y peligrosa. Siempre nos ayudará a llegar a puerto seguro, y no importa el tamaño de tu problema o tu enfermedad, o a lo mejor tu matrimonio está en un punto donde la única salida que miras es el divorcio, porque ya no puedo más.

Déjame decirte, que no todo está perdido, porque la palabra de Dios está llena de promesas para todo aquel que lee su palabra, y confía en su palabra y en sus promesas. Y una de esas promesas es, no temas y no desmayes, porque yo estaré contigo en dondequiera que vayas. Y si Dios nos dice, "No temas, no desmayes, entonces porque tememos y desmayamos cuando Él ha prometido que nunca, nos dejará, que siempre nos sustentará y nos sostendrá con la diestra de su justicia porque mayor es Él que está con nosotros, que Él que está en el mundo y si Dios con nosotros quién contra nosotros.

Querido (a), yo no sé por qué valle de desesperación estés pasando en este momento, pero déjame decirte que, si Dios abrió el mar rojo para que el pueblo de Israel pasara en seco sin que se mojara ninguna hebra de sus cabellos y les dio la victoria ahogando a todo el ejército del Faraón. ¡Crees que no puede darte también a ti y a mí la victoria! Claro que puede, porque para Él, nada es imposible y para Él, todo es posible y el que toca un hijo de Dios, toca a la niña de sus ojos y se hace enemigo de Dios, y cualquier enemigo de Dios no ha sobrevivido ni sobrevivirá jamás. Así, es que, por que tener miedo cuando Dios está a nuestro lado, no tenemos nada que temer, porque incluso hasta el enemigo tiene que pedirle permiso a Dios para poder tocar a uno de sus hijos. Y su palabra así lo dice, "Si alguien conspirare contra ti, sin mí, será necesitaría no estar Dios con nosotros para que el enemigo nos tocara. Pero la verdad, es que Dios nunca deja a sus hijos solos ni desamparados, Él siempre está ahí cuidándonos y protegiéndonos de todo mal y si Dios con nosotros, quién contra nosotros. Necesitamos confiar más en Dios y poner nuestra mirada solo en Él, no importa el dolor, o la adversidad, o las circunstancias que estemos pasando. Dios siempre llega a tiempo, Él nunca llega tarde. Solo tenemos que aprender a confiar más en Dios y dejarle a Él todas nuestras preocupaciones, o problemas, o cualquier carga que agobia nuestras vidas. Porque Él nos liberó de todas nuestras cargas, porque Él nos ama tanto que lo único que Él desea, es cuidarnos y ayudarnos en todo lo que le pidamos. Conforme a su voluntad porque Él se pone feliz en complacernos y solo desea hacernos feliz, porque nadie nos ama tanto como Él nos ama. Creo que el amor de un padre terrenal, nunca se compara con el amor de nuestro Padre Celestial, y es que el amor de Dios es tan grande que dio lo más preciado por nosotros. Dio su único hijo para que tú y yo fuéramos salvos y es porque nos amó tanto y nos amará toda la eternidad que no le importó que su único hijo muriera una cruz para que tú y yo fuéramos salvos y así poder ser hijos (as) del Dios Altísimo, y es por eso que no tenemos de qué preocuparnos, porque Él está con cada uno de nosotros. Porque Él así lo prometió, "He aquí Yo estoy con vosotros todos los días, hasta el fin del mundo."

Solo pongamos nuestra confianza en Dios y no desmayar, ni mirar para atrás, aunque a veces pareciera que todo está en tinieblas y no miramos la luz, jamás retrocedamos porque más adelante está la luz y nuestra victoria está segura y es por eso que Él nos dice en su palabra, "No temas, porque Yo, tu Dios, estaré contigo a donde quiera que vayas." Amen.

Con Dios Todo Es Posible

"**N**o te he dicho que, si creyeres, verás la gloria de Dios." O acaso hay algo imposible para Dios muchas veces en nuestras vidas minimizamos el gran poder de Dios y lo hacemos chiquito y no confiamos plenamente en Él y confiamos más en otra cosa, o en alguien más, pero no confiamos en Dios porque se nos hace más fácil creer en algo, o en alguien, porque seguramente lo estamos mirando y no confiamos en Dios porque no lo miramos. Pero su palabra dice, "Maldito el hombre que cree en el hombre." Él no quiere que confiemos en el hombre porque es pecador, igual que tú y yo, pero lamentablemente y tristemente, así pasa. Preferimos confiar en el hombre que en

Dios, cuando Dios nos invita a confiar plenamente en Él, porque Él desea bendecirnos con su amor y su misericordia y sus cuidados si confiamos plenamente en Él. Porque cuando aprendemos a confiar en Él, ya no somos las mismas personas, somos diferentes porque el que confía en Él, jamás será avergonzado, y nuestras vidas jamás serán las mismas, porque la gloria de Dios está en nuestras vidas y jamás seremos los mismos miserables porque el que se acerca a Dios, crea que le hay y es galardonador de los que le buscan. Y así lo dice en su palabra, confiemos en sus promesas y creamos siempre en Dios porque ¡todo es posible para aquel que cree!

A lo mejor, le has pedido algo a Dios y crees que ya no va a suceder y piensas en rendirte porque no miras tu milagro. Déjame decirte, que no te des por vencido (a), porque, aunque parezca que ya no va a suceder, sí, va a suceder porque a Dios no se le olvida nada y aquello que tanto le hemos pedido, tarde o temprano, llegará. Si ponemos nuestra fe y confianza en Él, Dios a su tiempo, nos dará todo aquello que tanto le hemos pedido, porque Él conoce nuestro corazón y un día nos dará el deseo de nuestro corazón, porque Él es nuestro padre y desea darnos el deseo de nuestro corazón. Y hacernos muy felices, pero para todo, eso hay un requisito que le busquemos con todo nuestro corazón, porque así lo dice en su palabra, "Buscad primeramente el reino de Dios y su justicia y todas las cosas serán añadidas.", porque no hay nada fácil, si queremos ser felices y tener todas las promesas que están en su palabra. Necesitamos obedecer su palabra y someternos a ella, porque todo tiene un precio y las promesas de Dios solo son para sus hijos que le obedecen y tiemblan ante su presencia. Jesús pagó el precio, en la cruz del calvario, para que por medio de su muerte pudiéramos ser salvos. Y nosotros ya no tenemos que hacer nada, todo lo hizo ya Él por cada uno de nosotros y lo único que nosotros tenemos que hacer es arrepentirnos y buscarlo de todo nuestro corazón y Él nos perdonara de todos nuestros pecados y ya no seremos más huérfanos. Ahora, seremos llamados hijos de Dios. Porque Él nos perdonó y nos hizo sus hijos y como hijos de Él, desea hacernos tan felices y darnos todas las promesas que están en su palabra, porque esas promesas, como lo dije anteriormente, son solamente para sus hijos que le obedecen y creen en Él y en su palabra. Y esta es la gran promesa llevarnos al cielo y darnos la corona de la vida eterna y, además, darnos vida eterna. ¡Porque así lo prometió y así lo hará, porque todo es posible para el que cree! Y porque nada es imposible para Dios. Con Dios todo es posible.

Clama a Mí, y Yo Te Responderé

"**C**lama a mí y yo te responderé y te enseñaré cosas grandes y ocultas que tú no conoces." Jeremías 33:3

Cuántas veces en nuestras vidas nos sentimos solos y atormentados, desesperados, deprimidos, incluso hasta pensamos que a nadie le importamos y pensamos que todo está perdido y que todo terminó porque no encontramos la salida y es ahí cuando Dios nos dice, "Hijo mío, hija mía, no te preocupes que todo estará bien, solo acércate a mí y búscame que sé perfectamente por lo que tu estas pasando, solo quiero ver hasta dónde eres capaz de aguantar sin buscarme, sin necesitarme, pero cuando me necesites ahí estaré y no te dejare, porque mío eres tú. Y nadie te ama tanto como yo te amo, solo que yo no puedo obligarte a amarme porque te di libre albedrío y no puedo obligar a nadie a amarme, esa decisión solo puedes hacerla tú y nadie más, pero cuando lo hagas, ten por seguro que ahí estaré y te abrazaré con los brazos abiertos, porque sé esperar y porque sé perfectamente que todo tiene su tiempo bajo el sol y todo lo que se quiere en la tierra tiene su hora y sé muy bien que ese día llegara y me buscaras y me hallaréis porque me buscaréis con todo tu corazón. Porque hay oraciones de acuerdo a tu necesidad y porque sé que hay momentos en los cuales no se puede quedar callado y es ahí precisamente que me buscareis y atenderé a tus súplicas y escucharé tus oraciones, porque si tu prueba es chiquita, tu oración es chiquita y si tu problema es grande, tu oración también será grande porque hay momentos donde hay que clamar y no hay que tener vergüenza a nada y a nadie, porque llega un momento, no de hablar despacito, si no llega un momento que hay que gritar y clamar, porque clamar significa llamar a gritos y es por eso que hoy te digo como le dije a Jeremías, "Clama a mí y yo te responderé.", y no solo le dije a él, sino ahora te digo a ti, y no importa donde estés, o el lugar donde vivas y donde ahorita te encuentres y sientas que ya no puedes más porque no miras la salida. Yo te digo en este momento, es hora de gritar, es hora de clamar, y por eso es que hoy te digo, "Clama a mí y yo te responderé, y te enseñaré cosas grandes y ocultas que tú no conoces."

Hijito mío, hija mía, no te desesperes, Yo, tu Dios, estoy contigo porque así lo prometí y no importa las circunstancias y los problemas de la vida que enfrentes en este mundo. Quiero decirte hoy que no te des por vencido (a), que yo no prometí una vida sin problemas, sin obstáculos, yo dije, "En el mundo, tendréis aflicción, pero confiad que yo he vencido al mundo." Y sin embargo, Yo te hice una promesa, "He aquí yo estoy con vosotros todos los días hasta el fin del mundo."

Un hijo mío, uno hija mía, jamás tiene que darse por vencido (a), y siempre tienen que mantenerse firmes y seguir adelante aunque a veces yo tarde en contestar tu oración, o no conteste tu oración, mantente firme porque hay oración que tardo en contestar y hay oraciones que no contesto y oraciones que sí contesto, pero lo hago por tu bien aunque ahorita no lo entiendas, algún día lo entenderás que lo hice por tu bien, porque te amo y es lo mejor para ti, aunque por el momento no lo entiendas hijito (a), yo sé los planes que tengo para ti, planes de bien y no de mal y si te mantienes firme, un día, tu y yo estaremos cara a cara allá en cielo, y entonces dirás, "valió la pena seguirte mi Jesús porque aquí estoy delante de ti y mi nombre está en el libro de la vida y me has dado una corona con estrellas y no solo eso me has dado la vida eterna." Y es allí cuando te tenga en mis brazos, podrás preguntarme todo lo que quieras y Yo te contestaré todo lo que me preguntes y quieras saber, "Porque ahí ya no habrá más muerte, ni dolor, porque las primeras cosas pasaron y he aquí todas son hechas nuevas." Y no tienes idea de lo hermoso que será ahí porque ojo que no ha visto ni oído ha escuchado. Son las cosas que Yo tu Dios, tengo preparado para los que me aman. Hijito (a), vale la pena seguirme y obedecerme porque al final tendrás tu recompensa... Y por eso te digo, "Mira que te mando, que te esfuerces y seas valiente, no temas ni desmayes porque Yo Jehová tu Dios, estaré contigo en donde quiera que vayas." Sé que la vida en la tierra no es fácil, pero por eso te digo cuando te sientas que estás apunto de rendirte. Yo te digo, "Clama a mí y yo te responderé y te enseñaré cosas grandes y ocultas que tú no conoces." Amen. Jeremías 33:3.

"Agradecimiento"

G racias padre amado por estar conmigo y por ayudarme a hacer el principio y el final de este libro. Gracias por la sabiduría y la inteligencia que me distes, no ha sido fácil y tú has sido mi mejor testigo de cada prueba que pase al escribir este libro. Pero al final, valió la pena, porque con tu ayuda todo fue más fácil y posible terminar mi segundo libro, "Inquebrantable". Porque nada hay imposible para ti mi Dios.

Gracias por mis padres y mis abuelos que me distes, y por mis dos bellos hijos que me distes, John y Joselin, y gracias nuevamente por darles a mis hijos la paciencia que me han tenido mientras escribía mi libro. Gracias por mis hermanos y familiares que me distes y por cada uno de mis amistades y hermano (a) de la iglesia que nos has permitido conocer.

Muchas gracias mi Dios, estoy muy agradecida contigo por hacer otro de mis sueños realidad, gracias por hacerme muy feliz, por eso a ti mi Dios dedico este libro y mis triunfos y mis talentos en el nombre de Jesús.

Gracias por ser posible lo imposible y mi deseo es que este libro sea de mucha bendición para cada persona que llegue a sus manos y al mismo tiempo sea de bendición para su vida como lo fue para mí escribirlo.

"Mira que te mando que te esfuerces y seas valiente, no temas ni desmayes porque Yo Jehová tu Dios, estaré contigo en dondequiera que vayas." Josué 1:9

Con cariño para ti, de tu amiga Rebeca Galvez y autora de los libros, "Después De Ayer" e "Inquebrantable".

ATTE:

Rebeca Galvez

Fin.

Autobiografía

M i nombre es Rebeca Galvez y soy mexicana, y nací en un pueblo llamado, Estación Huehuetan, Chiapas, México y actualmente, vivo en Houston, Texas, USA, desde hace 22 años. Y Dios me ha dado la bendición más grande que toda mujer desea tener para sentirse completa, me dio la dicha de ser madre de dos hermosos hijos, John de 19 años, y Joselin de 8 años. Quiero decirte que como mujer que soy, y como madre y padre a la misma vez que soy, me siento dichosa, triunfadora y a la vez muy bendecida de ver a mis hermosos hijos ya grandes, como dije mi hijo es todo un hombre de 19 años y mi niña aún más chica con 8 años y con mucho orgullo puedo decir que no ha hecho fácil educarlos y sacarlos adelante, pero gracias a Dios, siempre les he enseñado el temor de Dios en sus vidas y sé que eso es la mejor herencia que pude dejar a mis hijos. Mientras escribía estas palabras, me rodaron mis lágrimas porque sé que algún día, cuando ya no esté en este mundo y termine mi misión, Dios cuidara de ellos y jamás se apartara de mis hijos porque siempre confíe en sus promesas y una de ellas es esta que dice así, "Instruye al niño en mi camino y no me apartaré de él aun cuando fuere viejo." Y esa promesa me hace vivir confiada. Por otro lado, me gusta escribir demasiado, me gusta escribir cantos y cantar para Dios y predicar su palabra, es mi mejor comida y cantarle es mi mejor manjar y escribir sobre ese Dios vivo, es mi mejor postre, mientras escribía este libro que lleva por título, "Inquebrantable". Me gocé con cada letra con cada palabra y con la inspiración que Dios me dio. Para poder escribirlo no fue nada fácil, tuve que pasar muchas pruebas, pero al final, lo logré, porque Dios es fiel y es bueno y siempre nos da el deseo de nuestro corazón… Tenerlo en mis manos es otro de mis sueños hecho realidad ya que este es el segundo libro que escribí. El primero se llama, "Después De Ayer", y este se llama, "Inquebrantable", y pues, tengo el tercero a la mitad, y solo puedo decirte que todo en la vida se puede, si se lo pides a Dios y te lo propones y luchas por tus sueños. Déjame decirte que tus sueños Dios los hace realidad y solo falta decirte que, así como fue una gran bendición escribir este libro. Deseo que también, que cuando lleguen a tus manos y lo leas, sea de mucha bendición para ti y los tuyos en el poderoso nombre de Jesús... ¡Dios te bendiga! Te saluda tu amiga, Rebeca Galvez.

CPSIA information can be obtained
at www.ICGtesting.com
Printed in the USA
LVHW110040150119
603948LV00001B/55/P

9 781506 525952